10 STEP

2단계

풍성한 삶 누리기

순출판사
CCC 한국대학생선교회

2단계 풍성한 삶 누리기

1985년 2월 28일 초판 발행
2013년 3월 27일 개정판 1쇄 발행
2023년 9월 20일 개정판 7쇄 발행

지 은 이 빌 브라이트
발 행 처 순출판사
감 수 교육 & 개발팀
디 자 인 아이엠크리에이티브
일러스트 아이엠크리에이티브
주 소 서울시 종로구 백석동 1가길 2-8
전 화 02)722-6931~2 팩 스 02)722-6933
인 터 넷 http://www.kccc.org
등록번호 제 2020-000159호

값 2,500원
ISBN 978-89-389-0264-1

책 내용과 관련된 문의는 한국대학생선교회_교육 & 개발팀 (02-397-6267)으로 문의 바랍니다.

CCC
10단계
성경교재

〈개정판〉

그리스도인은 날마다 영적으로 성장해야 합니다. 그리스도인이 성숙할수록 주님의 은혜를 더욱 풍성히 누리고 또 세상에서 주님을 위해 영향력 있는 삶을 살 수 있습니다.

CCC 10단계 성경교재〈개정판〉은 영적 성장에 필요한 하나님 말씀의 기본적이고 핵심적인 내용들을 담고 있습니다. 이 책을 공부하면 성경에 대한 지식과 중요한 교리뿐만 아니라 기독교 신앙의 광범위한 개관을 체계적으로 알 수 있으며 그리스도인의 삶의 특성과 그리스도인의 특권과 책임에 대해서도 배울 수 있습니다. 또한 나 자신의 영적 성장만 아니라 다른 사람을 그리스도에게 인도하거나 그의 믿음이 성장하도록 도울 수 있습니다.

이 교재는 중·고등학생에서부터 대학생과 성인, 모두가 사용할 수 있으며, 혼자서 공부할 수도 있고 그룹으로 함께 공부할 수 있는 주제별 성경공부 교재입니다.

CCC 10단계 성경교재〈개정판〉은 국제 CCC 창설자이신 고(故) 빌 브라이트 박사님의 지도하에 만들어진 책입니다. 책의 앞에 나오는 글은 빌 브라이트 박사가 하신 이야기입니다. 이 책은 본래 있던 교재를 다시 개정한 것입니다.

순(筍)

이새의 줄기에서 뻗어 나온 연한 순(筍)은 주님을 가리킨다(사 11:1; 53:1-12). 순은 가지에서부터 무한히 뻗는 동안 잎과 꽃과 열매를 맺는다. 순은 자신을 위해 있는 것이 아니라 숨어버리는 무한한 생명의 전달자요, 나룻배요, 어머니요, 수단이요, 기능일 뿐이다. 오늘도 CCC의 순(제자화를 위한 소그룹)은 이 땅에 '푸르고 푸른 그리스도의 계절'이 오도록 강인한 생명력으로 힘차게 뻗어가고 있다.

순(筍)출판사는 주님의 지상명령 성취와 한국 교회를 섬기기 위한 CCC의 문서사역을 감당합니다.

10 STEP
그리스도인의 성장을 위한
CCC 10단계 성경교재

풍성한 삶 누리기

풍성한 삶을 누리는 그리스도인이 되려면!

그리스도인의 삶은 그리스도 안에서 기쁨과 평강을 누리며 사는 분명한 목적이 있는 삶이다. 예수님은 "도적이 오는 것은 도적질하고 죽이고 멸망시키려는 것뿐이요 내가 온 것은 양으로 생명을 얻게 하고 더 풍성히 얻게 하려는 것이라(요 10:10)"고 말씀하셨다. 여전히 패배와 낙심 가운데 살아가는 그리스도인들이 있지만 이것은 성경에서 말하는 그리스도인의 삶이 아니다.

빌립보 감옥의 사도 바울과 실라를 떠올려보라. 그들의 온몸은 매를 맞아 깊은 상처로 얼룩졌고, 발은 쇠고랑에 채워져 깊은 지하 감옥에 갇혀 있었다. 그럼에도 그들은 하나님께 기도하며 찬양했다. 그 이유가 무엇이라고 생각하는가? 그것은 그들의 확신과 신뢰의 근거가 그들 자신이 아니라, 그들이 사랑하고 섬기는 살아 계신 참 하나님께 있었기 때문이었다.

초대교회의 제자들과 수많은 그리스도인은 십자가에 못 박히고, 화형당하고, 사자에게 잡아 먹히면서도 오히려 하나님을 기뻐하고 찬송했다. 그렇게 무서운 죽음을 기쁨과 감사로 용감하게 맞이할 수 있었던 것은 바로 살아 계신 예수 그리스도와의 인격적인 생생한 관계에서 온 능력의 결과였다.

하지만 이러한 헌신이 초대교회 그리스도인들과 제자들에게만 있었던 것은 아니다. 그 후 수 세기를 지나는 동안 세계 도처에서 무수히 많은 그리스도인들이 그리스도를 위해 죽거나 또 기쁘게 고난을 당했음을 기독교 역사는 기록하고 있다. 이것이 그리스도 안에서 약속된 풍성한 삶이다.

당신은 어떤가? 그리스도를 위한 삶을 살고 싶은가?

앤드류 머레이(Andrew Murray)는 이렇게 말하고 있다. "그리스도인들이 영적으로 무기력한 삶을 사는 이유는 예수님을 믿는 목적이 하늘에 계신 아버지와 날마다 교제를 하는 데 있다는 사실을 깨닫지 못하기 때문이다. 만약 이 진리를 깨닫기만 한다면, 그리스도인들은 매일 말씀과 기도로 시작하는 '경건의 시간'을 통해 하나님의 임재와 그의 사랑을 경험하는 것이 그리스도인의 영적 생활에 필수적이라는 사실을 인식하게 될 것이다."

그리스도인의 삶은 회심을 통해 죄를 용서받고, 자신을 하나님께 온전히 내맡기는 것만으로는 충분하지 않다. 이것은 시작에 불과하다. 그리스도인은 스스로 영적 생활을 유지해 나갈 힘이 없으므로 예수 그리스도와의 교제를 통해 날마다 하늘로부터 새 은혜를 받아야만 한다. 그런데 이 은혜는 조급한 기도나 그저 성경 몇 구절을 읽어서 얻어지는 것이 아니다. 고요하고 은밀한 시간 가운데 하나님 앞에 나아와 잠잠히 하나님을 바라며, 성령을 통해 자신의 약함과 가난함을 깨닫고, 그 마음이 하늘의 생명과 빛으로 날마다 새롭게 되어야 한다. 그렇게 할 때 매일매일 성령의 능력으로 살아가며 승리할 수 있을 것이다.

우리는 매일매일 기쁨으로 주님의 임재 앞에 나와야 한다. 당신이 홀로 조용히 주님과 함께 있을 수 있는 장소를 찾아 그곳에서 하나님의 영감으로 기록된 거룩한 말씀을 읽고 묵상하면서 하나님과 교제를 나누라. 그리고 당신의 삶에 주시는 하나님의 말씀이 무엇인지를 발견하라. 하나님께서 당신을 창조하신 목적에 맞는 풍성한 삶을 경험하라.

제1과

옛 생활과 새 생활

학 습 목 표 : 옛 생활과 그리스도 안에서의 새 생활의 차이를 안다.

우리 주변에서 볼 수 있는 그리스도인과 비그리스도인의 삶의 차이점은 무엇이라고 생각하는가?

누구든지 믿음으로 주 예수 그리스도를 구주로 영접한 순간, 그리스도인으로서 새 생활이 시작된다. 그리스도인의 생활이란 믿는 자와 예수 그리스도 사이의 끊임없는 인격적인 생생한 교제를 말한다. 이것은 믿음에서 시작되고, 믿음으로만 살아갈 수 있다. 믿음은 그리스도를 신뢰함으로 그분의 손에 우리의 삶 전체를 맡기는 것이다. 예수 그리스도께서는 그분의 삶과 죽음과 부활을 통해 자신의 신실하심을 증명하셨으며 지금도 우리와 함께 계시며 조건 없는 사랑을 보여 주신다. 그러므로 우리는 우리의 삶을 그리스도께 맡길 수 있다.

1 옛 생활

1) 우리의 옛 사람은 어떤 모습인가? (롬 6:6; 요 8:34)

로마서 6:6 우리가 알거니와 우리의 옛 사람이 예수와 함께 십자가에 못 박힌 것은 죄의 몸이 죽어 다시는 우리가 죄에게 종노릇 하지 아니하려 함이니

요한복음 8:34 예수께서 대답하시되 진실로 진실로 너희에게 이르노니 죄를 범하는 자마다 죄의 종이라

2) 죄의 종노릇했던 옛 사람의 행위의 특징들을 적어 보라. (골 3:7-10)

골로새서 3:7-10 7너희도 전에 그 가운데 살 때에는 그 가운데서 행하였으나 8이제는 너희가
이 모든 것을 벗어 버리라 곧 분함과 노여움과 악의와 비방과 너희 입의 부끄러운 말이라 9너
희가 서로 거짓말을 하지 말라 옛 사람과 그 행위를 벗어 버리고 10새 사람을 입었으니 이는 자
기를 창조하신 이의 형상을 따라 지식에까지 새롭게 하심을 입은 자니라

3) 그리스도 없이 선하게 살려고 노력하는 것에 대해서 어떻게 생각하는가?

2 새 생활의 특징

1) 새로운 피조물

(1) 고린도후서 5:17에 의하면 당신에게 무슨 일이 일어났는가?

당신의 삶에서 이전 것은 지나가고 새롭게 바뀐 것은 무엇인가?

(2) 성경은 이 새로워지는 경험을 무엇에 비유했나? (요 3:3)

'그리스도 안에 있어 새로운 피조물이 되었다'는 것은 새로운 생명을 얻은 것이요, '거듭났다'고 말한다. 말하자면, 영적으로 새롭게 태어났다고 할 수 있는데, 육체적인 생명이 태어나 이름을 갖게 되는 것과 마찬가지로 예수 그리스도를 개인적으로 영접하면 그리스도인이라는 이름을 갖게 된다.

(3) 당신은 새로워지기 위해서 무엇을 했는가? (엡 2:8-9)

믿음으로 예수 그리스도를 마음의 중심에 모셨다면 당신은 새로운 피조물이 되었다. 옛 모습은 지나갔다. 이제 하나님은 당신이 예수 그리스도를 닮아가도록 새롭게 빚어 주신다. 당신은 그 누구와도 비교할 수 없는 존귀한 존재가 되었으며, 자신에 대해 새로운 기대를 가질 수 있다.

2) 새로운 관계

(1) 하나님과의 새로운 관계

① 당신은 하나님과 어떤 관계가 되었는가? (요 1:12)

② 하나님은 어떤 분이신가? (사 49:15)

③ 우리가 하나님의 자녀 됨을 어떻게 알 수 있는가? (롬 8:16; 갈 4:6)

로마서 8:16 성령이 친히 우리의 영과 더불어 우리가 하나님의 자녀인 것을 증언하시나니

갈라디아서 4:6 너희가 아들이므로 하나님이 그 아들의 영을 우리 마음 가운데 보내사 아빠 아버지라 부르게 하셨느니라

④ 하나님과 새로운 관계를 갖게 될 때 우리의 성품에는 어떤 변화가 일어나겠는가? (벧후 1:4)

베드로후서 1:4 이로써 그 보배롭고 지극히 큰 약속을 우리에게 주사 이 약속으로 말미암아 너희가 정욕 때문에 세상에서 썩어질 것을 피하여 신성한 성품에 참여하는 자가 되게 하려 하셨느니라

(2) 다른 사람과의 새로운 관계

① 새로운 가족

당신과 다른 그리스도인과는 어떤 관계인가? (마 12:50; 엡 2:17-19)

마태복음 12:50 누구든지 하늘에 계신 내 아버지의 뜻대로 하는 자가 내 형제요 자매요 어머니이니라 하시더라

에베소서 2:17-19 17또 오셔서 먼 데 있는 너희에게 평안을 전하시고 가까운 데 있는 자들에게 평안을 전하셨으니 18이는 그로 말미암아 우리 둘이 한 성령 안에서 아버지께 나아감을 얻게 하려 하심이라 19그러므로 이제부터 너희는 외인도 아니요 나그네도 아니요 오직 성도들과 동일한 시민이요 하나님의 권속이라

"우리는 예수님 안에서 한 가족입니다."

다른 그리스도인과의 관계는 어떠해야 하는가? (요일 3:11, 14)

요한일서 3:11, 14 11우리는 서로 사랑할지니 이는 너희가 처음부터 들은 소식이라 14우리는 형제를 사랑함으로 사망에서 옮겨 생명으로 들어간 줄을 알거니와 사랑하지 아니하는 자는 사망에 머물러 있느니라

② 복의 통로

그리스도인으로 새 삶을 시작한 후, 우리의 대인관계는 어떻게 달라져야 하는가? (마 5:43-48)

세상 속에서 하나님은 우리에게 어떠한 직책과 일을 주셨는가? (고후 5:18-21)

그리스도의 대사로서 우리가 할 수 있는 가장 가치 있는 일은 무엇인가? (마 4:19)

예수님께서는 우리들을 통해서 잃어버린 자를 찾아 구원하시고, 고독한 마음을 위로하시며, 방황하는 사람들을 인도하시고 가르치시며, 사람들의 죄를 대신하여 죽으신 그분의 사랑과 희생에 대해 말씀하시기를 원하신다. 하나님께서는 이 일을 먼저 믿은 그리스도인들을 통하여 하고 싶어 하신다. 하나님께서는 우리 각 사람을 사랑할 뿐 아니라 온 세계, 모든 민족을 사랑하신다. 예수 그리스도께서는 세상 모든 사람들을 위해 죽으셨고, 그들이 주님의 사랑을 알기 원하신다. 그러므로 이제 우리의 관심은 범세계적이 되어야 한다. 하나님의 대사로서 우리의 책임은 온 세상 사람을 하나님과 화목하게 하는 데 있기 때문이다.

당신의 생활 가운데서 사랑을 실천할 수 있는 방법을 세 가지 정도 적어 보라.

3) 새로운 동기

(1) 당신을 그리스도인으로 살아가게 하는 근본적인 동기는 무엇인가? (고후 5:14)

(2) 내 마음속에 나 대신에 무엇이 가장 중요한 위치를 차지하게 되었는가? (고후 5:15)

(3) 골로새서 3:1-3은 당신이 그리스도인으로서 새 삶을 사는 것과 관련된 두 가지 사실을 말하고 있다.

① 옛 사람은 어떻게 되었는가? (3절)

② 우리가 위의 것들을 찾도록 동기부여하는 것은 무엇인가? (1절)

예수 그리스도께서는 당신 안에 살아 계신다. 그분은 당신을 통해 사랑하시고 행동하시고 말씀하신다(갈 2:20). 더 이상 당신 자신이 사는 것이 아니라 예수 그리스도께서 당신을 통해 사시도록 할 때 당신의 삶은 변하게 되고 놀랍게도 하나님의 영광을 위해 살고 싶다는 소원을 갖게 될 것이다. 또한 그분의 지상에서의 활동과 사람들에 대한 사랑을 더 깊이 알기 위해 하나님의 말씀을 더 사모하게 될 것이다. 결국 예수 그리스도의 소원이 곧 당신의 소원이 될 것이다.

적용

1. 이 과에서 당신에게 가장 의미 있는 것은 무엇인가?

2. 그리스도인으로서 당신의 삶에서 변화되기를 바라는 두 가지를 기록하고 하나님께 이것을 이루어 주시도록 기도하라.

3. 골로새서 3:1-2의 '위의 것을 찾으라', '위의 것을 생각하라'는 명령을 당신의 삶에서 어떻게 적용하겠는가?

외울 말씀 고린도후서 5:17
그런즉 누구든지 그리스도 안에 있으면 새로운 피조물이라 이전 것은 지나갔으니 보라 새 것이 되었도다

읽을 말씀 요한복음 1-3장

제2과

나의 영적 생활의 현주소는?

학 습 목 표 : 현재 당신과 예수 그리스도의 관계를 점검하고, 당신이 풍성한 삶을 살도록 돕는다.

그리스도가 우리 안에 살아계시고 우리는 그리스도 안에서 새로운 피조물이 되었다. 그런데 우리는 왜 때때로 풍성한 삶을 누리지 못할까? 이번 과에서는 우리의 영적 생활의 현주소를 알아보고 풍성한 삶을 사는 방법을 살펴보자.

아래의 상항에 해당되는 것에 표시해보라.

1. 나는 매일 경건의 시간을 갖는다 (   )
2. 나는 종종 사람을 두려워 한다. (   )
3. 나는 기도생활을 풍성히 하고 있다. (   )
4. 요즈음 나는 진로에 대해 너무 염려하고 있다. (   )
5. 나는 말씀이 재미있고 배운 말씀을 실천하려고 계획을 세웠다. (   )

6. 나는 소유에 대해 집착하는 것 같다. (　)
7. 나는 늘 죄에 대해서 민감하고 회개하려고 노력한다. (　)
8. 나는 다른 그리스도인들과의 교제를 통하여 힘을 얻는다. (　)

1 영적 현주소 알기 - 네 종류의 밭

성경은 하나님의 말씀에 대해 사람들이 보이는 각각의 반응을 네 종류의 밭에 비유하여 표현하고 있다(마 13:1-23; 막 4:3-20; 눅 8:4-15).

그 중에서 마태복음의 비유를 살펴보자.

1) 이 비유에서 씨는 무엇을 의미하는가? (마 13:19)

2) 마태복음 13:4-8의 비유에는 몇 가지 종류의 밭이 등장하는가?

(1)

(2)

(3)

(4)

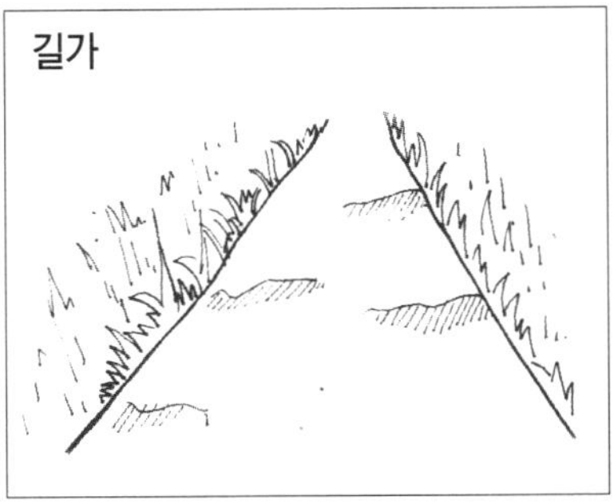

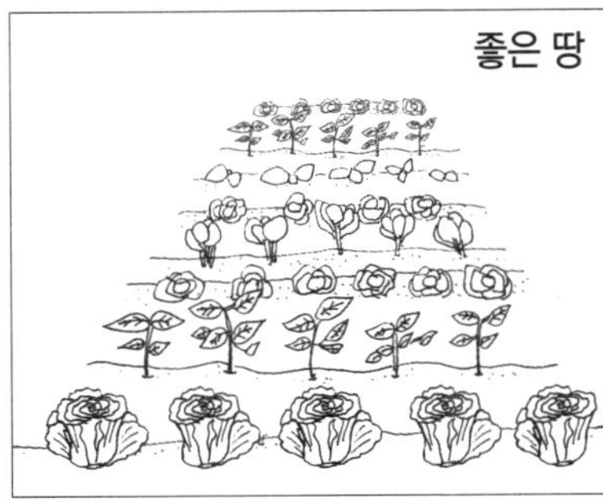

3) 위의 비유들에서 각각의 밭은 각각 어떤 사람들을 나타내는가?

밭의 종류		사람들	
마 13:4		마 13:18-19	
마 13:5-6		마 13:20-21	
마 13:7		마 13:22	
마 13:8		마 13:23	

4) 위의 도표에 따르면 당신은 현재 어떤 밭이라고 생각하는가? 왜 그런가?

2 좋은 땅으로 개선하기

농부는 돌밭과 가시밭을 옥토로 만들기 위해 씨를 뿌리기 전에 잡초를 뽑고, 돌을 골라내어 땅을 고른다. 우리도 그런 과정이 필요하다.

1) 길가 밭이 좋은 땅이 되려면 어떻게 해야 하는가? (히 3:15)

히브리서 3:15 성경에 일렀으되 오늘 너희가 그의 음성을 듣거든 격노하시게 하던 것 같이 너희 마음을 완고하게 하지 말라 하였으니

2) 돌밭이 좋은 땅이 되려면 어떻게 해야 하는가? (고전 10:13; 벧전 2:2)

고린도전서 10:13 사람이 감당할 시험 밖에는 너희가 당한 것이 없나니 오직 하나님은 미쁘사 너희가 감당하지 못할 시험 당함을 허락하지 아니하시고 시험 당할 즈음에 또한 피할 길을 내사 너희로 능히 감당하게 하시느니라

베드로전서 2:2 갓난 아기들 같이 순전하고 신령한 젖을 사모하라 이는 그로 말미암아 너희로 구원에 이르도록 자라게 하려 함이라

3) 가시밭이 좋은 땅이 되려면 어떻게 해야 하는가? (벧전 5:7; 마 6:19-21)

베드로전서 5:7 너희 염려를 다 주께 맡기라 이는 그가 너희를 돌보심이라

마태복음 6:19-21 19너희를 위하여 보물을 땅에 쌓아 두지 말라 거기는 좀과 동록이 해하며 도
둑이 구멍을 뚫고 도둑질하느니라 20오직 너희를 위하여 보물을 하늘에 쌓아 두라 거기는 좀
이나 동록이 해하지 못하며 도둑이 구멍을 뚫지도 못하고 도둑질도 못하느니라 21네 보물 있
는 그 곳에는 네 마음도 있느니라

3 좋은 땅 유지하기

1) 누가복음 8:15을 읽고 다음 빈 칸을 채우라.

(1) 말씀을 착하고 좋은 마음으로 ……………

(2) 말씀을 굳게 ……………

(3) 인내로 결실을 많이 ……………

2) 베드로는 열매 없는 자가 되지 않으려면 어떻게 해야 한다고 말하는가? (벧후 1:5-7)

베드로후서 1:5-7 [5]그러므로 너희가 더욱 힘써 너희 믿음에 덕을, 덕에 지식을, [6]지식에 절제를, 절제에 인내를, 인내에 경건을, [7]경건에 형제 우애를, 형제 우애에 사랑을 더하라

3) 당신이 항상 좋은 땅이 아니라면 위의 세 가지 밭 중에서 어디에 속하며 어떤 면이 개선되어야 하는가?

4) 아래 도표는 좋지 않은 땅과 좋은 땅의 특성을 비교한다. 좋은 땅의 특성을 적어보라.

좋지 않은 땅	좋은 땅
1. 말씀 보기를 게을리 함	
2. 사람을 두려워함	
3. 사탄의 올무	
4. 육적인 만족	
5. 스스로 짐을 짐	
6. 물질적, 세상적	
7. 열매 없음	

적용

1. 이 과에서 당신에게 가장 의미 있는 것은 무엇인가?

2. 변화가 필요한 영역들을 적어 보라. 그리고 그런 변화를 위해 당신이 해야 할 일은 무엇인가?

3. 그리스도께서 이루어 주시도록 당신이 의지해야 할 부분들은 무엇인가?

외울 말씀 갈라디아서 6:7
스스로 속이지 말라 하나님은 업신여김을 받지 아니하시나니 사람이 무엇으로 심든지 그대로 거두리라

읽을 말씀 요한복음 4-6장

제3과

풍성한 삶 누리기

학 습 목 표 : 일상생활에서 풍성한 삶을 실제로 누릴 수 있다는 것을 알고 경험한다.

예수님은 "내가 온 것은 양으로 생명을 얻게 하고 더 풍성히 얻게 하려는 것이라"(요10:10)고 말씀하셨다. 풍성한 삶은 죄악을 이기고 죄로부터 자유하는 삶이다. 당신이 그리스도인이 된 순간 하나님께서는 당신의 모든 죄를 용서하시고, 풍성한 삶에 필요한 모든 것을 주셨다. 우리가 풍성하고 승리하는 신앙생활을 하기 위해 하나님께서 새롭게 하실 일은 없다. 이미 그리스도의 죽으심과 부활을 통해 필요한 모든 일을 이루어 놓으셨다. 당신의 모든 죄가 용서받았다는 사실을 믿음으로 받아들인 것처럼, 주님께서 당신이 풍성하고 승리하는 삶을 살아가는 데 필요한 모든 것을 이미 예비하셨다는 사실을 믿음으로 받아들이기만 하면 된다.

당신은 과거에 지은 죄의 형벌에서 구원받았다(요 3:18; 엡 2:8).
당신은 현재 죄의 세력에서 구원받고 있다(유 1:24-25; 살후 3:3).
당신은 미래에 죄로부터 구원받을 것이다(요일 3:2; 빌 3:21; 고전 15:51-52).

만일 하나님께서 당신을 대신하여 죄의 대가를 치르고 당신에게 영생을 주신 것을 믿는다면 죄를 극복하는 능력도 주신 것을 믿어야 한다. 믿음으로 그리스도를 받아들인 것을 명심하고 믿음 안에서 행하라.

1 풍성한 삶의 기초

로마서 6:1-16을 읽으라.

1) 당신이 그리스도인이 되었을 때 어떤 일이 일어났는가? (6절)

....

....

'죄의 몸이 죽었고 더 이상 죄에게 종노릇하지 않는다'(6절)는 말이 포함하고 있는 의미를 자세히 살펴보면…

(1) 그리스도의 죽으심과 합하여 .... 를 받음 (3절)

로마서 6:3은 그리스도를 영접한 모든 사람은 '그리스도의 죽으심과 합하여 세례를 받았다'고 말한다. 이는 단순히 물세례를 뜻하는 것이 아니다. "세례"라는 말은 "담그다", "적시다" 혹은 "염색하다", "하나가 되다"를 뜻하는데, 여기서는 우리가 '그리스도 안에 담겨졌다'는 의미로 쓰였다. 우리는 그리스도와 하나가 되었고, 그분에게 결합되어 나뉠 수 없다는 의미이다.

(2) 영적인 ________ (3-5절)

(3) 부활의 ________ 을 얻음 (5절)

(4) ______ 를 이기는 삶 (6-7절)

2) 11절에서 당신이 인정해야 할 중요한 사실은 무엇인가?

'당신 자신은 죄에 대하여는 죽었다.' 이 사실을 묵상해 보라.

당신은 죄와 죄의 지배에 대하여는 죽었다(즉, 죄의 권세는 당신에게서 효력을 잃었다). 아마도 당신은 '죄에 대하여 죽은 것 같지 않은데…, 여전히 내 안에 죄의 본성이 살아 있는데…'라는 생각이 들지도 모른다. 그러나 사도 바울이 말한 것처럼 당신의 느낌이 어떠하든 당신은 실제로 죄에 대하여 죽었다는 사실을 믿음으로 받아들여야 한다. 만일 이 사실을 믿지 못한다면, 당신이 통장에 백만 원을 가지고 있으면서도 필요할 때 이 돈을 사용하지 않는 것과 같을 것이다.

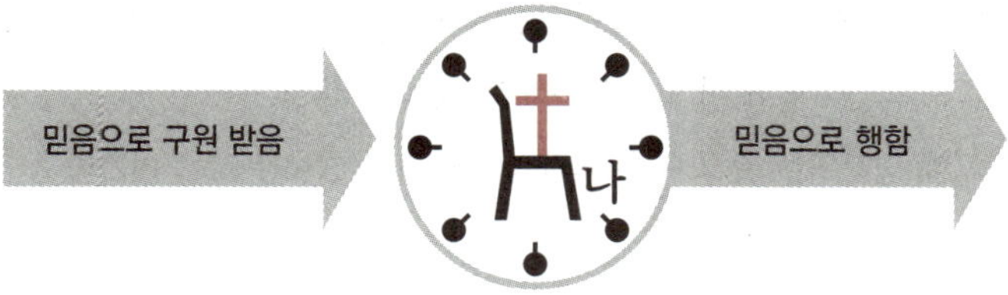

3) 13절에서는 당신이 해야 할 일은 무엇이라고 말하는가?

4) 16절에 의하면 당신은 죄의 종이거나 의의 종이다. 무엇이 이것을 결정하는가?

당신은 어느 편을 택하겠는가?

세상에는 드 가지 권세가 있다. 하나님과 사탄이다. 우리는 스스로가 자신의 주인이라고 자처할 때가 많다. 하지만 하나님의 지배를 받지 않는다면 실제로는 사탄의 지배를 받고 있는 것임을 기억하라. 사탄은 진리를 보지 못하도록 우리의 눈을 어둡게 만들려고 애쓰며, 우리는 스스로 사탄을 구별할 만큼 지혜롭지 못하다. 그러므로 우리는 하나님께 순종해야 한다. '나는 거짓된 마음을 가졌는데…'라고 말할 수도 있다. 그러나 우리가 하나님께 자신을 쳐서 복종시킬 때, 그분은 '새 영을 너희에게 주어… 너희로 내 율례를 행하게 하리라.'(겔 36:26-27)고 약속하셨다. 하나님께 순종하며 살 때, 당신은 창조의 목적대로 풍성한 생활을 경험할 것이다. '죄가 우리를 주관하지 못할 것이다'(롬 6:14).

로마서 6장의 말씀은 우리에게 풍성한 삶의 원리를 다음과 같이 가르쳐주고 있다.

당신은 그리스도와 함께 십자가에 못 박힌 것을 **알라.**

당신이 죄에 대하여는 죽고 예수 그리스도께 대하여는 산 자로 **여기라.**

당신 자신을 하나님께 **드리라.**

하나님께 **순종하라.**

☆ 용어 풀이

알다 – 어떤 사실을 완전히 확신하는 것.

여기다 – 감정보다는 사실을 따라 숙고하고 행동하는 것.

드리다 – 자기를 포기하고 내어 주며 복종하는 것.

순종하다 – 말씀 대로 믿고 실행하는 것.

2 풍성한 삶의 체험

그리스도인의 삶에 있어서 가장 중요한 것은 '그리스도 안에 거하는 생활'이다. 그리스도인이 풍성한 삶을 누리기를 원한다면, '그리스도 안에 거하는 생활'에 대해 끊임없이 알아가야만 한다. 많은 그리스도인들이 기쁨을 잃어버린 채 살아가며, 주님이 그들을 돌보시지 않는다고 생각한다. 그러나 주님은 "내가 이것을 너희에게 이름은 내 기쁨이 너희 안에 있어 너희 기쁨을 충만하게 하려 함이니라."(요 15:11)고 말씀하셨다. 우리가 그리스도 안에 거할 때 지속적인 기쁨이 있을 뿐만 아니라 우리의 삶이 열매를 맺고 응답받는 기도생활을 하게 된다.

요한복음 15:1-11을 읽으라.

1) 예수님은 자기 자신을 ______________ 에, 그리스도인을 ______________ 에 비유하셨다(요 15:5).
이 말씀에 따르면 당신은 그리스도와 어떤 관계인가?

가지가 포도나무에 붙어 있으면 열매를 많이 맺는 것처럼, 우리도 예수님 안에 거해야 한다. 그리스도 안에 거한다는 것은 그리스도께 의식적으로 의존하는 생활이다.

이는 우리의 생활 가운데 그리스도의 권세, 지혜, 자원, 능력을 활용하여 우리가 그리스도의 뜻대로 사는 것을 뜻한다. 우리는 예수 그리스도를 떠나서는 아무것도 할 수 없다. 하지만 "내게 능력 주시는 자 안에서 내가 모든 것을 할 수 있다."(빌 4:13)고 말씀하신 대로 우리는 그리스도를 힘입어 무슨 일이든지 할 수 있다.

2) 예수님께서 열매 맺는 가지를 깨끗이 손질한다고 하셨는데, 그 목적은 무엇인가? (요 15:2)

가지는 포도나무에 붙어 있을 때 열매를 맺는다. 가지는 스스로 열매 맺기 위해 염려하지 않는다. 가지가 열매를 맺지 못하는 유일한 이유는 가지 안에 수액의 흐름을 막는 걸림돌이 있기 때문이다. 마찬가지로 우리에게도 예수님의 생명이 흐르는 것을 막는 걸림돌이 있는데 그것은 바로 죄다. 죄의 장애물로부터 자유로워지도록 하나님께서는 우리의 삶을 깨끗이 손질하신다.

가지는 스스로 열매 맺을 수 없고 오직 나무를 통해서만 열매 맺을 수 있다. 그리스도인인 우리도 스스로의 힘으로는 아무것도 할 수 없으며, 오직 그리스도의 생명만이 우리를 통하여 그 목적을 이루실 수 있다.

3) 하나님께서는 예수님의 생명이 우리에게 원활하게 흐르도록 우리의 삶을 깨끗하게 손질해 주신다. 그리스도인의 삶을 살면서 당신이 '깨끗하게 손질'된 경험을 나누어 보라.

4) 예수님 안에 거할 때 어떤 결과를 맺는가?

(1) 많은 .... 을 맺음 (요 15:5)

(2) 효과적인 .... 생활 (요 15:7)

(3) 하나님께서 .... 을 받으심 (요 15:8)

(4) 우리가 그의 .... 가 됨 (요 15:8)

(5) .... 이 충만해짐 (요 15:11)

5) 요한복음 15장에서 '거한다'는 의미를 또 다른 말로 어떻게 표현하고 있는가? (9-10절)

영적 성숙에도 시간이 필요하다. 주님께 시간을 드리지 않고서는 그분 안에 거할 수 없다. 매일매일 예수님과 만나는 시간이 중요하다. 이것은 살아 계신 예수님과 생생한 교제를 하는 시간이다. 하나님의 말씀으로 마음을 채우고 주님의 임재하심과 내주하심을 인식하면서 매순간 기도하라.

주님을 신뢰하라. 그분 안에 거하며 생활하라. 생활의 모든 영역에서 주님만을 의지하라. 주님 안에 거하는 생활의 비결을 배우고, 신앙생활의 기쁨을 체험할 수 있도록 다른 사람들에게도 이 비결을 전하라.

〈심화〉 그리스도 안에 거하는 풍성한 삶에 대한 보충 자료

스코필드(C.I. Scofield)의 '그리스도 안에 거함'에 대한 정의 :
그리스도 안에 거하는 것은 고백하지 않은 죄가 없고 주님과 관심사가 같으며 주님께서 생활의 영역을 다스리는 삶이다. 그리스도 안에 거하는 자는 그분께 모든 짐을 맡기고 그분으로부터 모든 지혜와 생명과 힘을 공급받는다.

[참고]

* **'고백하지 않은 죄가 없음'**
  예수 그리스도를 개인의 구주로 영접하면, 죄 사함을 받고 하나님의 의를 소유하며 그리스도 안에 거하는 생활이 시작된다. 그 후 신자들은 성령께서 죄를 깨닫게 하실 때, 죄 고백을 해야 하며 그리스도의 보혈을 통한 하나님의 용서하심을 받아들여야 한다.

* **'주님과 관심사가 같음'**
  이것은 그리스도인들이 참여하는 모든 활동을 포함한다. 그리스도께서는 죄가 없으시고 오직 하나님의 뜻만을 행하신다. 우리의 생활 가운데 그리스도가 거하시고 우리를 통해 하나님의 뜻을 행하실 수 있도록 방해가 되는 활동이나 다른 관심사를 갖지 않는 것을 뜻한다.

* **'주님께서 생활의 모든 영역을 다스리는 삶'**
  이는 그리스도인의 모든 교제의 자리에 그리스도께서 직접 관여하시는 것을 말한다. 즉, 주님과 영적인 교제가 불가능한 사람이 주님과 연합할 수 없는 것처럼, 그리스도 안에 거하지 않는 사람은 다른 그리스도인과 연합이 불가능하다. 하나님께서는 우리에게 불의와 합하지 말라고 경고하셨다(고후 6:14-18).

그것은 불순종의 죄로 그리스도께서 그리스도인의 삶 가운데 역사하시는 능력의 근원을 막는 것이다. 주님과 함께 교제하기 위해서는 우리의 모든 인간관계가 주님과 더불어 이루어져야 한다. 우리는 세상에 살고 있지만, 그리스도의 본을 따라서 세상과 구별된 삶을 살아야 한다. 세상에서 우리는 그리스도의 증인으로 살아야 하며, 사탄의 동맹에 얽혀 들어가는 것을 피해야 한다.

* **'그리스도 안에 거하는 자는 그분께 모든 짐을 맡긴다'**

그리스도 안에 거하는 사람은 자신의 짐을 스스로 지지 않는다. 예수 그리스도께서 우리의 모든 짐을 대신 지시고 우리 안에서 우리를 통해서 살아가신다. 자신의 짐을 스스로 지고 있다는 사실을 깨닫는 즉시 그리스도께 다시 맡겨야 한다. 주님은 우리를 통해 주님의 삶을 살기 원하신다. 명심할 것은 자신의 짐을 스스로 지려고 힘쓸 때, 주님은 우리의 삶에 관여하실 수 없다는 사실이다.

* **'주님께로부터 모든 지혜와 생명과 힘을 공급받음'**

그리스도 안에 거하는 것은 신앙생활을 위해 필요한 모든 능력을 주님께로부터 공급받는 것이다. 주님의 말씀을 통해 그분의 가르침을 받으라. 우리의 생명은 하나님으로부터 왔으며 하나님의 것이다. 주님께서 우리 안에 사시도록 할 때 우리에게 능력도 주어진다. 우리가 더 이상 갈 수 없다고 느낄 때, 주님은 '내가 너의 힘이 되어 주겠다.'(고후 12:7)고 말씀하신다.

적용

1. 이 과에서 당신에게 가장 의미 있는 것은 무엇인가?

2. 풍성한 생활을 위한 주요 용어들을 살펴보고, 현재 적용하고 있는 것과 그리스도의 능력으로 적용해야 할 필요가 있는 것을 구체적으로 적어 보라.

용어	현재 적용 중인 것	적용해야 할 것
알다		
여기다		
드리다		
순종하다		
거하다		

외울 말씀 요한복음 10:10
도둑이 오는 것은 도둑질하고 죽이고 멸망시키려는 것뿐이요 내가 온 것은 양으로 생명을 얻게 하고 더 풍성히 얻게 하려는 것이라

읽을 말씀 요한복음 7-9장

제4과

풍성한 삶의 방해 요소

학 습 목 표 : 풍성한 삶을 방해하는 요소들을 알아보고 그것을 해결하는 방법을 안다.

'성령께서 승리의 삶을 살 수 있도록 능력을 주시기 위해 오셨다면, 나는 왜 종종 무기력하고 패배하는 삶을 살고 있다고 느끼는가?'

우리는 영적인 능력을 갈망한다. 그러나 우리 안에 불순한 동기, 이기적인 욕망, 고백하지 않은 죄가 있을 때 영적인 능력을 활용할 수 없다. 하나님은 더러운 그릇 속에 그의 능력과 사랑을 채우시지 않는다. 우리는 하나님의 영으로 채움을 받기 전에 주님의 죄 용서하심을 받아야 한다.

이과에서는 우리의 풍성한 삶을 방해하는 요소를 알아보고 그것을 해결하는 방법을 배우게 될 것이다.

당신의 삶에서 풍성한 삶을 방해하는 요소는 무엇인가?

1 방해 요소

1) 방해 요소 1 : 마음의 욕심을 따라 행하는 것

로마서 6:12-14, 19을 읽으라.

로마서 6:12-14, 19 12그러므로 너희는 죄가 너희 죽을 몸을 지배하지 못하게 하여 몸의 사욕에
순종하지 말고 13또한 너희 지체를 불의의 무기로 죄에게 내주지 말고 오직 너희 자신을 죽은
자 가운데서 다시 살아난 자 같이 하나님께 드리며 너희 지체를 의의 무기로 하나님께 드리라
14죄가 너희를 주장하지 못하리니 이는 너희가 법 아래에 있지 아니하고 은혜 아래에 있음이라
19너희 육신이 연약하므로 내가 사람의 예대로 말하노니 전에 너희가 너희 지체를 부정과 불법
에 내주어 불법에 이른 것 같이 이제는 너희 지체를 의에게 종으로 내주어 거룩함에 이르라

(1) 자신의 몸을 불의의 무기로 쓴다는 것은 어떤 의미인가?

① 죽을 몸의 (   )을 쫓는 것 (12절)

② 죄가 (   ) 하도록 하는 것 (14절)

③ 몸을 (   )과 (   )에 내주는 것 (19절)

(2) 이 말씀을 통해 바울이 우리에게 권고하는 것은 무엇인가?

주님의 능력이 100퍼센트 우리 삶을 통해 나타나는 것을 막는 유일한 걸림돌은 바로 우리 자신이다. 주님은 우리가 스스로의 힘으로 그리스도인의 삶을 살기 위해 노력하는 것을 원치 않으신다. 주님은 우리를 위하여, 우리를 통해 살기를 원하신다.

2) 방해 요소 2 : 두 주인을 섬기는 것

마태복음 6:24을 읽으라.

마태복음 6:24 한 사람이 두 주인을 섬기지 못할 것이니 혹 이를 미워하고 저를 사랑하거나 혹 이를 중히 여기고 저를 경히 여김이라 너희가 하나님과 재물을 겸하여 섬기지 못하느니라

(1) 이 말씀은 무엇에 대해 가르치는 것인가? 당신의 삶을 돌아보라. 두 주인을 섬긴 경험이 있는가? 당신의 두 주인은 무엇이었는가?

(2) 두 주인을 섬기면 그 결과는 어떻게 되겠는가?

3) 방해 요소 3 : 두 마음을 품는 것

야고보서 1:6-8을 읽으라.

야고보서 1:6-8 6오직 믿음으로 구하고 조금도 의심하지 말라 의심하는 자는 마치 바람에 밀려 요동하는 바다 물결 같으니 7이런 사람은 무엇이든지 주께 얻기를 생각하지 말라 8두 마음을 품어 모든 일에 정함이 없는 자로다

(1) 두 마음을 품는다는 것은 무슨 뜻인가?

(2) 두 마음을 품은 결과는 무엇인가?

4) 방해 요소 4 : 정결하지 않은 것

베드로전서 1:14-16을 읽으라.

베드로전서 1:14-16 14너희가 순종하는 자식처럼 전에 알지 못할 때에 따르던 너희 사욕을 본받지 말고 15오직 너희를 부르신 거룩한 이처럼 너희도 모든 행실에 거룩한 자가 되라 16기록되었으되 나가 거룩하니 너희도 거룩할지어다 하셨느니라

(1) 우리가 거룩해야 하는 근거는 무엇인가?

(2) 우리가 거룩한 삶을 사는 것을 방해하는 요소는 무엇인가?

2 하나님과의 교제의 회복

앞에서 풍성한 삶을 방해하는 요소들을 살펴보았다. 풍성한 삶을 방해하는 요소들은 결국 하나님과의 교제를 단절시키는 결과를 가져온다.

어떻게 하면 풍성한 삶을 지속적으로 살 수 있을까? 지금부터 풍성한 삶을 살기 위해 단절된 교제를 어떻게 회복할 수 있는지 그 방법을 살펴보자.

1) 죄를 인정하지 않는 결과는 무엇인가? (잠 28:13)

죄를 인정하는 결과는 무엇인가?

하나님은 더러운 그릇 속에 그의 거룩한 능력과 사랑을 채우시지 않는다. 그러므로 채움을 받기 전에 먼저 깨끗해져야 한다. 우리가 영적인 능력을 갈망하면서도 얻지 못하는 것은 불순한 동기, 이기적인 욕망, 고백하지 않은 죄가 있기 때문이다. 우리가 채움을 받기 위해서는 정결한 그릇이 되어야 한다(딤후 2:20-21).

2) 시편 51편을 지은 시인은 무엇을 간구하고 있는가? 그것의 근거는 무엇인가? (시 51:1-3)

죄는 아무리 작아도 주님과 교제하는 기쁨을 빼앗아간다. 예를 들어 당신이 어떤 사람과 데이트를 한다고 하자. 둘 사이에 사소한 문제가 생겼고 두 사람은 그 문제를 해결해야만 한다. 그런데 그 문제를 해결하지 않고 차일피일 미루었다. 어떻게 되겠는가? 아마 당신도 그 결과를 짐작할 수 있을 것이다. 결국 두 사람 사이에는 큰 벽이 생겨 대화도 사귐도 끊어지고 말 것이다.

마찬가지로 우리의 생활 가운데 죄가 있을 때, 주님은 우리의 기도에 응답하시지 않는다. 시편 기자는 "내가 내 마음에 죄악을 품으면 주께서 듣지 아니하시리라."(시 66:18)고 고백하고 있다.

우리가 죄를 허용할수록 우리의 생활은 더욱 비참해지는데, 이 고통을 하나님께서도 동일하게 느끼신다는 사실이다. 하나님께서 우리가 속히 주님께로 돌아오기를 기다리시며, 정결한 삶으로 다시 주님과 동행하기를 간절히 바라고 계신다.

3) 우리가 죄를 고백하면 하나님은 교제를 회복시켜 주신다. 하나님 아버지와 그의 아들 예수 그리스도와 교제하면서 사는 것은 '빛 가운데 행함'과 같다. 빛 가운데 살면 어떤 결과가 있다고 말씀하시는가? (요일 1:7)

4) 우리가 하나님과 교제하고 있다면 우리에게 어떤 일이 일어나는가? (빌 2:13)

> 빌 2:13 너희 안에서 행하시는 이는 하나님이시니 자기의 기쁘신 뜻을 위하여 너희에게 소원을 두고 행하게 하시나니

5) 하나님과의 교제를 회복하고 나면 얻어지는 유익은 무엇인가? (요일 3:21-23)

적용

1. 이 과에서 당신에게 가장 의미 있는 것은 무엇인가?

2. 풍성한 삶을 방해하는 요소들을 어떻게 극복하고 제거할 것인지 나누라.

외울 말씀 시편 139:23-24
하나님이여 나를 살피사 내 마음을 아시며 나를 시험하사 내 뜻을 아옵소서
내게 무슨 악한 행위가 있나 보시고 나를 영원한 길로 인도하소서

읽을 말씀 요한복음 13-15장

제5과

우리는 지금 전쟁 중!

학 습 목 표 : 영적 싸움에 대해 배우고 이 싸움에 대비해 하나님께서 주신 것들을 활용하는 방법을 안다.

골로새서 1:13-14에서는 하나님께서 우리를 흑암의 권세에서 구해주셨다고 말씀하신다. 그리스도인의 승리의 깃발이 펄럭이고 있고 사탄은 이미 패배했다. 그러나 여전히 사탄의 영적 게릴라전이 계속되고 있음을 기억해야 한다.

우리가 지속적으로 성령 충만하여 성령이 다스리시는 삶을 살려면 이 영적 싸움에 대비해야 한다. 우리는 집에서, 학교나 사무실에서, 상점에서 혹은 도로에서 운전하고 있을 동안에도 매일 수십 번 이상 그리스도인의 삶을 위협하는 유혹을 받는다. 이 세상에서 완전하게 살 수 있는 사람은 아무도 없다. 주님과 동행하는 삶에서도 끊임없이 영적 싸움에 직면하게 된다.

우리는 지금 전쟁 중이다!

1 전쟁터에 있는 우리

많은 그리스도인들은 신앙생활이 모든 역경과 시험에서 떠나 이 세상에서 편안하게 사는 삶일 것이라고 기대한다. 그러나 성경은 신앙생활이 평탄한 길만은 아니며 끊임없는 영적 전쟁의 여정이라고 말한다. 사탄이 지배하는 세상에서 우리의 삶은 끊임없는 반대와 어려움을 겪으며 살아가는 이방인과 나그네의 삶이다. 승리하는 삶은 결코 저절로 이루어지는 쉬운 일이 아니다. 우리는 주 안에서와 그의 능력으로 강건해지고 하나님의 전신갑주로 무장해야 한다.

1) 우리의 싸움은 이 세상의 사람들과 대항하여 싸우는 것이 아니다. 우리가 싸워야 할 대상은 누구인가?

* 야고보서 4:4

* 갈라디아서 5:17

* 베드로전서 5:8

(1) 여기에서(약 4:4) 말하는 세상의 의미는 무엇인가? (요일 2:15-16)

요한일서 2:15-16 15이 세상이나 세상에 있는 것들을 사랑하지 말라 누구든지 세상을 사랑하면 아버지의 사랑이 그 안에 있지 아니하니 16이는 세상에 있는 모든 것이 육신의 정욕과 안목의 정욕과 이생의 자랑이니 다 아버지께로부터 온 것이 아니요 세상으로부터 온 것이라

(2) 육체가 의미하는 것은 무엇인가? (갈 5:19-21)

갈라디아서 5:19-21 [19]육체의 일은 분명하니 곧 음행과 더러운 것과 호색과 [20]우상 숭배와 주술과 원수 맺는 것과 분쟁과 시기와 분냄과 당 짓는 것과 분열함과 이단과 [21]투기와 술 취함과 방탕함과 또 그와 같은 것들이라 전에 너희에게 경계한 것 같이 경계하노니 이런 일을 하는 자들은 하나님의 나라를 유업으로 받지 못할 것이요

(3) 사탄은 어떤 존재인가? (요 8:44; 12:31)

요한복음 8:44 너희는 너희 아비 마귀에게서 났으니 너희 아비의 욕심대로 너희도 행하고자 하느니라 그는 처음부터 살인한 자요 진리가 그 속에 없으므로 진리에 서지 못하고 거짓을 말할 때마다 제 것으로 말하나니 이는 그가 거짓말쟁이요 거짓의 아비가 되었음이라

요한복음 12:31 이제 이 세상에 대한 심판이 이르렀으니 이 세상의 임금이 쫓겨나리라

2) 하나님이 주신 무기로 무장하면 어떤 결과를 얻게 되는가? (엡 6:10~11)

3) 에베소서 6:14-17을 읽고 당신이 무장할 수 있도록 하나님이 준비해 두신 여섯 가지 무기를 적어 보라.

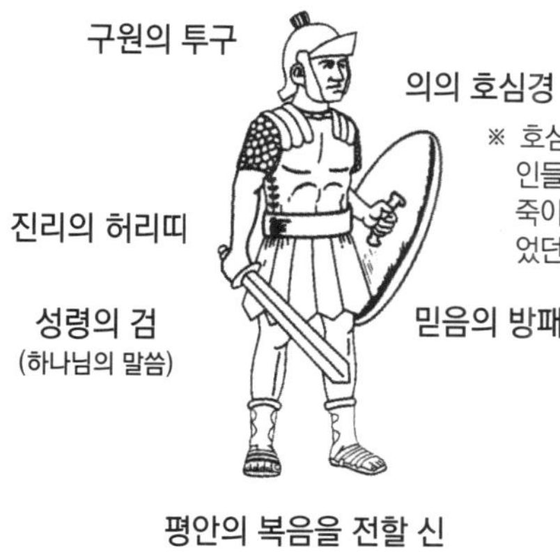

※ 호심경: 현대의 방탄조끼 같이 고대의 군인들이 가슴과 배 부분을 보호하기 위해 가죽이나 금속으로 만들어 목에서 배까지 입었던 보호 장비.

(1) (   )의 허리띠

(2) (   )의 호심경

(3) (   )의 복음을 전할 신

(4) (   )의 방패

(5) (   )의 투구

(6) 성령의 검 곧 (   )

4) 영적 전쟁에 대항하기 위해 말씀의 검을 어떻게 준비해야 하는가? (시 119:9, 11)

시편 119:9, 11 9청년이 무엇으로 그의 행실을 깨끗하게 하리이까 주의 말씀만 지킬 따름이니이다 11내가 주께 범죄하지 아니하려 하여 주의 말씀을 내 마음에 두었나이다

5) 영적 전쟁을 대비하려면 어떻게 해야 하는가? (엡 6:18; 골 4:2)

에베소서 6:18 모든 기도와 간구를 하되 항상 성령 안에서 기도하고 이를 위하여 깨어 구하기를 항상 힘쓰며 여러 성도를 위하여 구하라

골로새서 4:2 기도를 계속하고 기도에 감사함으로 깨어 있으라

2 그리스도를 통한 승리

1) 우리가 싸워야 할 대상들에게 어떻게 대항할 것인가?

(1) 세상 (롬 12:2)

(2) 육체 (갈 5:16)

(3) 사탄 (약 4:7)

사탄은 우주 가운데 하나님 다음의 강한 권세를 가진 자이다. 사탄은 살아서 활동하지만 이미 패배했다. 사탄이 십자가 위에서 이미 패배했지만 항상 그리스도인들에게 두려움을 주려고 한다(요 12:31). 분명한 것은 우리가 자신의 힘과 지혜로는 사탄을 이길 수 없지만, 하나님의 능력을 신뢰할 때는 승리할 수 있다. 그리스도인은 사탄을 두려워할 필요가 없다. 사탄이 공격해 올 때, 하나님의 능력으로 대적하라. 그러면 물러갈 것이다(약 4:7). 주님의 권위로 기도하라. 사탄은 쫓겨갈 것이다. 주님의 부활은 바로 그리스도께서 십자가 위에서 사탄을 이기신 승리의 선포이다. 이 사실에 근거하여 믿음으로 그리스도의 승리를 당신 자신의 것으로 선포하라.

2) 준비된 갑옷과 무기들을 볼 때 정말로 싸우시는 분은 누구이신가? (엡 6:10)

만일 영적 싸움에서 패했다면, 스스로의 힘으로 싸웠기 때문이라는 사실을 기억하라. 하나님께서는 "서서 너희와 함께한 여호와가 구원하는 것을 보라."(대하 20:17)는 말씀의 약속을 주신 것 또한 기억하라.

3) 하나님께서 항상 이기실 것을 확신할 수 있는 이유는 무엇인가? (요일 4:4)

4) 당신이 환난과 시험을 당할 때 로마서 8:31의 말씀은 당신에게 어떤 도움을 줄 수 있는가?

로마서 8:31 그런즉 이 일에 대하여 우리가 무슨 말 하리요 만일 하나님이 우리를 위하시면 누가 우리를 대적하리요

살아 계신 하나님의 군사가 되는 것이 얼마나 감격스러운 일인가! 그러나 오늘날 주를 위해 살고자 하는 사람들은 극히 소수이다. 우리의 영적 전쟁터에서 승리를 주시는 주님을 믿으라.

적용

1. 이 과에서 당신에게 가장 의미 있는 것은 무엇인가?

2. 현재 당신의 생활 가운데 영적인 무기를 사용해야 할 구체적인 경우를 적어 보라.

외울 말씀 **에베소서 6:10-12**

끝으로 너희가 주 안에서와 그 힘의 능력으로 강건하여지고 마귀의 간계를 능히 대적하기 위하여 하나님의 전신 갑주를 입으라 우리의 씨름은 혈과 육을 상대하는 것이 아니요 통치자들과 권세들과 이 어둠의 세상 주관자들과 하늘에 있는 악의 영들을 상대함이라

읽을 말씀 **요한복음 16-18장**

제6과

환난을 즐거워하라!

학 습 목 표 : 삶의 시련 속에서도 하나님의 관점으로 삶을 바라볼 수 있다.

두 명의 그리스도인이 같은 비극을 당했는데, 한 사람은 하나님께로 더 가까이 가는 반면, 다른 한 사람은 낙심하고 패배할 수 있다. 그 이유가 무엇이라고 생각하는가?

위기는 삶의 한 부분이다. 이 세상에 어려움 없이 살 수는 없다. 예수님도 '세상에서는 너희가 환난을 당한다'고 말씀하셨다(요 16:33). 인생은 전쟁터다. 그러나 문제를 일으키는 것은 문제 그 자체가 아니라 문제를 대하는 우리의 태도이다. 문제로 인한 고통은 그 문제를 대하는 우리의 태도에 따라 완화될 수도 있다.

어떤 그리스도인들은 그들이 돈과 건강과 명예를 잃었거나 혹은 혹독한 곤경에 있을 때, 하나님께서 그들을 버리셨다고 생각한다. 그래서 하나님을 향한 마음이 냉담해지고, 기도하지 않으며, 하나님을 불신하고, 걱정과 이기적인 삶에 빠지게 된다.

이번 과에서 우리는 변장된 복에 대해서 공부할 것이다. 그리고 우리 마음의 태도에 따라 성공과 실패라는 전혀 다른 결과를 얻게 됨을 알게 될 것이다.

1 곤경에 빠진 하나님의 백성

출애굽기 14:1-14에서 이스라엘 사람들은 변장된 복을 경험했다. 본문을 읽으면서 백성들의 인간적인 관점과 모세를 통해 나타나는 하나님의 관점에 주목해 보라.

1) 이스라엘 백성들이 이집트에서 나와 홍해 앞에 도착했을 때 이집트 군대가 뒤쫓아오는 것을 보았다. 이스라엘 사람들은 앞에 나타난 이 위험에 대해 어떻게 반응했는가? (출 14:10-12)

2) 모세는 어떻게 반응했는가? 왜 그는 13, 14절과 같은 명령을 했다고 생각하는가?

3) 이집트 군사들이 홍해에 수장되었을 때, 이 일을 통해 하나님께서 백성들의 마음과 생각 속에 깨닫게 하신 것은 무엇인가? (출 14:31)

백성들은 하나님의 위대한 역사를 목도하고 감격했다. 하나님께서는 환난을 통해 우리가 하나님을 신뢰하도록 가르치신다. 인간의 본성으로는 하나님을 신뢰하지 않음을 아셨다. 모든 일이 순탄할 때 우리는, 하나님께 영광을 돌리기보다는 자신의 공로로 돌린다. 모든 것을 아시는 하나님은 인간의 지혜와 능력으로는 그 어떤 것도 할 수 없음을 인정하는 상황으로 우리를 인도하신다. 그래서 결국 그분의 역사를 온전히 바라보도록 만드신다(참고. 시 37:5; 벧전 5:7).

4) 당신의 삶에 있었던 위기를 생각해 보라.

(1) 주위 사람들은 그와 비슷한 상황을 만나면 어떻게 반응하였는가?

(2) 당신은 어떻게 반응하였는가? 당시의 태도를 살펴볼 때 아쉬웠던 점은 무엇인가?

(3) 하나님께서 당신에게 시련을 통해 역사하시고, 그 시련이 진정한 복이었음을 알게 하신 경우가 있다면 그 경험을 함께 나누어 보라.

2 환난 극복하기

1) 당신이 시험이나 시련을 당할 때 성경이 보장한 몇 가지 약속을 써 보라.

고린도전서 10:13 사람이 감당할 시험 밖에는 너희가 당한 것이 없나니 오직 하나님은 미쁘사 너희가 감당하지 못할 시험 당함을 허락하지 아니하시고 시험 당할 즈음에 또한 피할 길을 내사 너희로 능히 감당하게 하시느니라

(1) 고린도전서 10:13

우리는 때때로 남이 당하지 않는 고통을 자신만 당하고 있다고 생각한다. 그러나 많은 사람들이 우리와 같은 시험을 겪었거나 겪고 있다. 우리는 그들을 통해 중요한 교훈과 진정한 위로를 얻을 수 있다.

(2) 로마서 8:28

2) 당신의 삶 속에서 하나님의 일하심을 의심한 적이 있는가? 언제, 왜 그랬는가?

3) 로마서 5:3-5을 읽으라.

로마서 5:3-5 [3]다만 이뿐 아니라 우리가 환난 중에도 즐거워하나니 이는 환난은 인내를, [4]인내
는 연단을, 연단은 소망을 이루는 줄 앎이로다 [5]소망이 우리를 부끄럽게 하지 아니함은 우리에
게 주신 성령으로 말미암아 하나님의 사랑이 우리 마음에 부은 바 됨이니

(1) 하나님께서는 환난 가운데서 우리가 어떤 태도를 취하기를 기대하시는가? (3절)

(2) 위와 같은 태도를 취할 수 있는 이유는 무엇인가? (3-4절)

4) 아래 구절에 의하면 변장된 복의 목적이 무엇인가?

고린도후서 1:3-4 [3]찬송하리로다 그는 우리 주 예수 그리스도의 하나님이시요 자비의 아버지
시요 모든 위로의 하나님이시며 [4]우리의 모든 환난 중에서 우리를 위로하사 우리로 하여금 하
나님께 받는 위로로써 모든 환난 중에 있는 자들을 능히 위로하게 하시는 이시로다

(1) 고린도후서 1:3-4

(2) 히브리서 12:5-11

왜 그리스도인의 생활 가운데 고통과 아픔과 비극적인 사건들이 생길까? 로마서 5:3-5 말씀처럼 이러한 일들은 하나님의 목적을 이루기 위해 필요한 일이다. 비가 오지 않고 계속 햇빛만 비취면 그 땅은 사막이 된다. 우리를 그리스도의 성품으로 다듬기 위해 하나님께서는 복과 격려와 함께 시련과 고난의 때도 허락하신다. 우리는 대개 이러한 일들을 피하기 원하지만, 우리가 항상 회피하기만 하는 것은 하나님의 뜻이 아니다.

5) 데살로니가전서 5:18과 히브리서 13:15을 읽으라.

데살로니가전서 5:18 범사에 감사하라 이것이 그리스도 예수 안에서 너희를 향하신 하나님의 뜻이니라

히브리서 13:15 그러므로 우리는 예수로 말미암아 항상 찬송의 제사를 하나님께 드리자 이는 그 이름을 증언하는 입술의 열매니라

(1) 모든 상황 속에서 하나님은 우리가 어떤 반응을 보이기를 원하시는가?

(2) 슬픔과 비극 속에서 당신은 어떻게 기뻐하고 감사할 수 있는가?

적용

1. 이 과에서 당신에게 가장 의미 있는 것은 무엇인가?

2. 바로 지금 하나님께 의지해야 할 당신의 시련은 어떤 것인가?

3. 그 시련 속에 담겨진 변장된 복은 무엇이라고 생각하는가?

외울 말씀 고린도후서 1:3-4
찬송하리로다 그는 우리 주 예수 그리스도의 하나님이시요 자비의 아버지시요 모든 위로의 하나님이시며 우리의 모든 환난 중에서 우리를 위로하사 우리로 하여금 하나님께 받는 위로로써 모든 환난 중에 있는 자들을 능히 위로하게 하시는 이시로다

읽을 말씀 요한복음 19-21장

MEMO